50 Recetas de Mantequillas y Mayonesas Veganas

Deliciosas y saludables alternativas a las recetas tradicionales

NELY HELENA ACOSTA CARRILLO

50 Recetas de Mantequillas y Mayonesas Veganas

Deliciosas y saludables alternativas
a las recetas tradicionales

Nely Helena Acosta Carrillo

Todos los versículos bíblicos utilizados en el presente libro han sido extraídos de la Biblia en su Versión Reina Valera de 1960.
Todas las citas de la escritora norteamericana Elena G. White (EGW) han sido extraídas de los libros publicados por las distintas Casas Publicadoras propiedad de la Iglesia Cristiana Adventista del Séptimo Día: PACIFIC PRESS, APIA, ACES, GEMA EDITORES, SAFELIZ.

Título del libro en inglés: 50 Recipes of Butters and Vegan Mayonnaise

Diseño de portada: Jared Acosta Carrillo
Fotografía, edición de fotos, diseño y maquetación: Jared Acosta Carrillo
Para contactar con la autora:
E-mail: nelyacosta05@hotmail.com
Canal de YouTube: SALUD A LA CARTA
Facebook: nelyhelena.acostacarrillo
Instagram: nelyacosta_saludalacarta
Twiter: SALUD A LA CARTA @CartaSalud

50 Recetas de Mantequillas y Mayonesas Veganas
© Nely Helena Acosta Carrillo
Año 2019

ISBN: 9781693692857

Impreso en los Estados Unidos de América
Publicado por NELY ACOSTA & QUINONES PUBLICATIONS, LLC.

ÍNDICE

Agradecimiento	11
Dedicatoria	13
Versículo bíblico	15
Cambio de hábitos alimenticios: una necesidad urgente	17
Mayonesa tradicional: una terrible combinación de "alimentos"	19
Mantequilla tradicional: una grasa muy tóxica	23
Margarina: casi plástico	27
Para tener en cuenta	33
Recetas	43

Mantequillas veganas — 45

Mantequilla de aceite de coco y aceite de oliva	47
Mantequilla de anacardos y espinacas	48
Mantequilla de semillas de girasol	49
Mantequilla de semillas de calabaza	50
Mantequilla de pistachos	51
Mantequilla de garbanzos	52
Mantequilla de tofu y tempeh	53
Mantequilla de tomates secos	54
Mantequilla de berenjenas	55
Mantequilla de calabacín y cebolla	56
Mantequilla de aceitunas verdes	57
Mantequilla de aguacates y tomates secos	58
Mantequilla de nuez de Brasil y orejones	59
Mantequilla de almendras y ciruelas pasas	60
Mantequilla de maní y miel	61

Mantequilla de maní y pasas 62
Mantequilla de maní y dátiles 63
Mantequilla de higos y nueces 64
Mantequilla de avellanas y piña 65
Mantequilla de frutas del bosque y anacardos 66
Mantequilla de nuez de Macadamia y dátiles 67
Mantequilla de semillas de chía, frutas del bosque y ciruelas pasas ... 68
Mantequilla de coco seco y ajonjolí 69
Mantequilla de masa de coco tierno y harina de algarroba 70
Mantequilla de calabaza y harina de algarroba 71

Mayonesas veganas 73

Mayonesa de tofu 75
Mayonesa de tofu y cilantro 76
Mayonesa de espárragos 77
Mayonesa de aceitunas negras 78
Mayonesa a las finas hierbas 79
Mayonesa de lentejas 80
Mayonesa de albahaca 81
Mayonesa de aguacate y hierbabuena 82
Mayonesa de aguacate y menta 83
Mayonesa de aguacate y cilantro 84
Mayonesa de almendras 85
Mayonesa de anacardos 86
Mayonesa de anacardos y espirulina 87
Mayonesa de espinacas y nuez de Brasil 88
Mayonesa de pimientos rojos y almendras 89

Mayonesa de calabacín y semillas de calabaza	90
Mayonesa de calabacín y orégano	91
Mayonesa suave de yogurt	92
Mayonesa de ajo	93
Mayonesa de remolacha	94
Mayonesa de tomate	95
Mayonesa de zanahoria	96
Mayonesa de papa y rábano	97
Mayonesa de apio y nuez	98
Mayonesa de coliflor	99
Mi deseo para usted	101

Agradecimiento

A Dios,
quien me ha enseñado cosas
que antes no conocía y que me
han permitido mejorar en
grado superlativo la calidad de
vida de los míos y también la mía.

Dedicatoria

A todos los
que desean poder
vivir una vida mejor.

"Si, pues, coméis o bebéis, o hacéis otra cosa, hacedlo todo para la gloria de Dios."

1 Corintios 10:31

Cambio de hábitos alimenticios: una necesidad urgente

La gente está enferma. Se calcula que, aproximadamente, el 90% de las oraciones que cada semana de elevan en las iglesias es a favor de los enfermos que hay dentro y fuera de la iglesia. Eso habla de una terrible situación de sanidad a nivel mundial. La iglesia está enferma y la comunidad también lo está. Por otra parte, las estadísticas médicas aseguran que entre el 70-80% de los enfermos que hay en todo el mundo sufren de las llamadas enfermedades agudas, crónicas y degenerativas. Esas enfermedades están directamente relacionadas con el estilo de vida, o, mejor dicho, con el mal estilo de vida. El estilo de vida engloba todos nuestros hábitos físicos, y todos ellos tienen un impacto brutal sobre la salud de las personas.

Los hábitos o estilo de vida van desde la confianza en el poder divino, lo cual permite evitar el estrés, un enemigo silencioso del hombre moderno, hasta respirar aire puro, comer sano, beber agua, tomar el sol, hacer ejercicios, descansar, vestirse de forma adecuada, estar en un entorno amable y ser temperantes en todas las áreas de la vida. Todo eso forma parte del estilo de vida. Sin embargo, hoy se sabe que los hábitos alimenticios están dentro de los factores del estilo de vida que más determinan la sanidad de las personas. De hecho, como bien afirma el Dr. Paul White: "La mayor parte de los problemas de salud comienzan en la cocina." No por gusto en la Biblia, el manual de instrucciones de todos los seres humanos, Dios, quien es nuestro creador, nuestro redentor, quien nos sostiene y quien nos sana, nos da un toque de atención cuando dice: "Os ruego que comáis por vuestra salud."[1] Eso quiere decir que hay una forma de comer que da salud, pero que hay otra que no solo no nos la aporta, sino que además nos roba la que tenemos.

Las grasas de mala calidad, como las que se utilizan para elaborar las mayonesas, mantequillas y margarinas, forman parte de ese mal comer que le está arrebatando la salud a la gente. Los problemas cardio y cerebrovasculares que resultan de la ingesta de esos "alimentos" antifisiológicos, ensuciantes y acidificantes, además de la diabetes, la obesidad, el síndrome metabólico o el cáncer, por solo nombrar algunos de los cientos de males que imperan en nuestro día a día, le están pasando factura sin piedad ni miramiento a la población. Cada vez más personas, lo mismo grandes que chicos, están enfermos. Con gran fundamento las estadísticas afirman que más del 95% de la población mundial tiene problemas de salud y que más de un tercio tiene más de cinco padecimientos. La salud de la gente está en crisis. El agotamiento físico y mental es una realidad en cada vez más vidas. Y la mala comida está en la base de todo eso. Cuesta entender que para poder gozar de salud "deben escogerse los alimentos que mejor proporcionen los elementos necesarios para la reconstitución del cuerpo. En esta elección, el apetito no es una guía segura. Los malos hábitos en el comer lo han pervertido. Muchas veces pide alimento que altera la salud y causa debilidad en vez de producir fuerza. (...). Las enfermedades y dolencias que prevalecen por doquier provienen en buena parte de errores comunes respecto al régimen alimentario."[2] Y es que en el universo existe la ley de causa y efecto, y las decisiones cuentan, por lo que "la comida que comes puede ser la más poderosa forma de medicina o la forma más lenta de veneno."[3]

Pues bien, visto lo visto, le invito a echarle un vistazo a lo que ofrecen las recetas tradicionales de mayonesa, mantequilla y margarita. Informarse es muy importante para poder tomar conciencia acerca de la necesidad imperiosa de un cambio en los hábitos alimenticios que sea irrevocable, permanente y urgente. Sin embargo, tener conocimiento no es suficiente. Cada persona debe hacer uso de su libre albedrío y de su capacidad de elección y decidir si quiere o no aprender a comer de una mejor manera a fin de evitar tantas dolencias que pululan en el mundo de hoy. Pero, sin lugar a duda, es nuestro privilegio echar mano del sabio consejo bíblico que afirma:

"Buscad lo bueno, y no lo malo, para que viváis; porque así Jehová de los ejércitos estará con vosotros."[4]

---

[1] Hechos 27:34
[2] EGW. El Ministerio de Curación, 227
[3] Ann Wigmore (4 de marzo de 1909 - 16 de febrero de 1994). Fue una practicante de salud holística y defensora de alimentos crudos.
[4] Amós 5:14

Mayonesa tradicional: una terrible combinación de "alimentos"

La mayonesa, una preparación de origen español, concretamente menorquín (isla de Menorca, España), es una salsa emulsionada fría elaborada principalmente a base de yema de huevo y de aceites vegetales refinados, ambos batidos. Tradicionalmente se ha sazonado con sal y vinagre, y se ha hecho a mano. Hoy en día las cosas han cambiado significativamente y esa salsa es elaborada a nivel industrial, no casero, y su consumo se asocia principalmente a la comida basura o comida rápida, aunque también es empleada en multitud de platos internacionales como acompañamiento, incluyendo hortalizas, arroces, pastas y pescados.

Existen curiosidades que rodean a este recurrido aderezo. ¿Alguna vez se ha preguntado cuánta mayonesa se podría obtener con una sola yema de huevo? Pues bien, en su libro The Curious Cook (La cocina curiosa), su autor, Harold McGee, escritor especializado en temas culinarios, da respuesta a ese dilema. Descubrió que más de 22 litros. Pero, además hay otra pregunta: ¿Sabía usted cuál es la molécula que permite que el huevo y el aceite emulsionen para formar la mayonesa? Porque todos sabemos que el agua y el aceite son inmiscibles, dicho en otras palabras, por mucho que los agitemos ellos no se mezclan. Pues sucede que la única forma de conseguir que ambos se hagan amigos es mediante el trabajo de mediadores. Y esos mediadores son moléculas tensoactivas que cumplen una doble función: por una parte, se sienten atraídas por el agua, y, por la otra, por el aceite. Es gracias a ellas que se puede hacer la mayonesa, que no es más que una emulsión. En química se habla de emulsión cuando un líquido se dispersa en otro en forma de pequeñas gotitas. Quien proporciona ese pegamento es la yema del huevo, ingrediente básico de la mayonesa tradicional, que contiene sustancias como la lecitina, que son fosfolípidos que se encargan de recubrir las gotas de aceite. A su vez, esas gotitas recubiertas no se unen entre sí porque los tensioactivos están cargados eléctricamente y se repelen. Eso explica por qué se usa vinagre en la preparación. Lo que sucede es que en un medio ácido las moléculas tensioactivas tienen una carga mayor y se repelen con mayor intensidad. Solo así se puede lograr una salsa como la mayonesa.

Pero hay una tercera curiosidad con respecto a la mayonesa tradicional y también llega en forma de pregunta: ¿Por qué se corta la mayonesa? La respuesta es simple. El efecto mecánico de batir la mayonesa tiene un objetivo muy claro: romper el aceite en gotitas cada vez más pequeñas y distribuirlas por el agua. Es la razón que explica por qué el aceite se añade lentamente, poco a poco y no de una sola vez. Cuando la mayonesa se corta es porque el procedimiento empleado no ha sido capaz de conseguir la debida dispersión del aceite. En términos técnicos, cuando eso sucede, se afirma que la mezcla ha floculado, o sea, las gotas de aceite se juntan y se separan del agua. Y eso sucede cuando los ingredientes están demasiado fríos o cuando la yema de huevo no ha proporcionado la cantidad de agua suficiente para la cantidad de aceite empleado en la receta. Para arreglar el problema se suele recomendar añadir otra yema de huevo a la mezcla, el 50% de una yema de huevo es agua, o bien agregar un poco de agua y volver a batir con vigor.

La reglamentación técnico-sanitaria establece que para que un producto pueda ser catalogado como mayonesa debe contener un mínimo de 65% de aceite vegetal y un 5% de yema de huevo, por lo que estamos hablando de un aderezo sumamente graso, y, por ende, dañino para la salud del cuerpo.

En fin, la mayonesa tradicional –ya sea industrial o casera- es uno de los peores "alimentos" que existen. Su combinación de ingredientes es absolutamente demencial. El nivel de sobrefermentación y la acidez que causa en el organismo el consumo de ese mal llamado alimento, con el paso de los años, aún a los cuerpos más resistentes, más tarde o más temprano, termina llevándolos para el hospital. ¿Cómo se hace la mayonesa? Con yema de huevo (un producto cargado de hormonas, antibióticos y colesterol), aceite de girasol refinado (saturado de elementos cancerígenos debido al proceso de elaboración al que es sometido), sal refinada (cargada de cloruro y de sodio, dos minerales que usados de esa manera disparan la presión arterial) y vinagre (líquido miscible en agua, con sabor agrio, que proviene de la fermentación acética del alcohol y que es altamente acidificante). La mayonesa tradicional es de las peores combinaciones que existen bajo el sol. Es casi imposible imaginar algo que pueda ser peor para el sistema cardiovascular. Con semejantes ingredientes perfectamente se puede preparar una buena bomba nuclear.

La fórmula de la mayonesa tradicional es como la fórmula de la muerte:

Huevo + Aceite refinado + Sal refinada + Vinagre

Para poder gozar de salud hay que ponerse a salvo de fórmulas como esta.

Sin embargo, es increíble comprobar que pese a lo dañina que resulta para la salud el consumo de mayonesa tradicional, ya sea de elaboración industrial o casera, en este mundo hay verdaderos amadores de la mayonesa. Incluso, en el año 2010, el ucraniano Oleg Zhornitskiy obtuvo el premio Guinness por comer 4 potes de mayonesa de un litro cada uno en solo 8 minutos. No cabe dudas de que vivimos en un mundo en el que a lo bueno se le llama malo, y a lo malo se le llama bueno.

Ahora bien, ¿hay que privarse de comer mayonesa? No, no tiene porqué renunciar. Pero no es necesario consumir ese mejunje habiendo maneras sanas de disfrutar de una mayonesa casera, libre de químicos y llena de nutrición, y que a su vez deleite su paladar. Lo más sabio y recomendado es moverse hacia opciones de mayonesa que rompan con la receta tradicional y que tengan entre sus ingredientes verdaderos alimentos que no solo puedan satisfacer los paladares más exigentes, sino que además resulten convenientes para la salud en general.

MAYONESA TRADICIONAL:

 SABROSA   pero    PELIGROSA

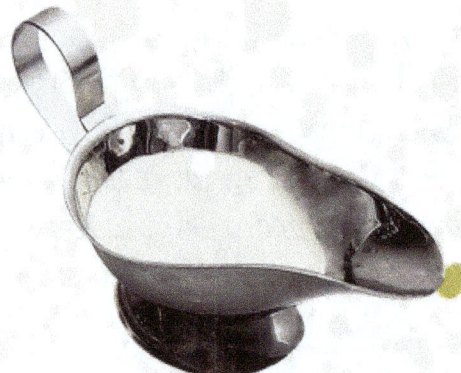

Mayonesa tradicional =

Aceite refinado
(Lleno de elementos cancerígenos derivados del petróleo)

+

Huevo
(Con abundante colesterol, hormonas, antibióticos y otras toxinas)

+

Sal refinada
(Cargada de sodio, uno de los peores enemigos de la salud cardiovascular)

+

Vinagre
(Proviene de la fermentación acética del alcohol y es altamente acidificante, aunque sea de manzana).

La mayonesa tradicional, ya sea industrial o casera, es ideal para acidificar el cuerpo. La acidificación crea inflamación, y ambas cosas son la base de todas las enfermedades agudas, crónicas y degenerativas que hoy en día nos azotan, entre las cuales se agrupan entre del 70-80% de los enfermos a nivel mundial. La mayonesa tradicional no es comida. Es veneno. No aporta salud, sino que debilita, enferma y hasta mata su cuerpo.

Mantequilla tradicional: una grasa muy tóxica

También conocida como manteca, la mantequilla, según los entendidos en la materia, es la emulsión de grasa, agua y sólidos lácteos obtenida como resultado de batir, amasar y lavar los conglomerados de glóbulos grasos que se forman al batir la crema de la leche o nata, con o sin la maduración biológica producida por bacterias lácticas específicas, y que se considera apta para el consumo humano.

Según la historia, uno de los primeros pueblos que elaboraron la mantequilla fueron los mongoles, los celtas y los vikingos. Éstos la obtenían como resultado del amasado de la nata de la leche de diferentes mamíferos, en especial de vacas, ovejas y cabras. En un inicio, los griegos y los romanos catalogaron a la mantequilla como, y cito literalmente, "comida para bárbaros", lo cual hizo que su consumo no se extendiera por Europa hasta el siglo XIV. A partir de entonces, la mantequilla pasó a formar parte de los alimentos habituales de la población en América, Oceanía y Asia. El invento de la centrifugadora[5] a finales del siglo XIX, de la pasteurización[6] y el aumento del conocimiento en cuanto a la utilización de determinadas bacterias en los alimentos, permitió que la mantequilla comenzara a producirse a nivel industrial.

---

[5] Centrifugadora: Máquina que permite separar la nata de la leche en forma más rápida.
[6] Pasteurización: Procedimiento que consiste en someter un alimento, generalmente líquido, a una temperatura aproximada de 80°C (176°F), durante un corto período de tiempo, enfriándolo después rápidamente, con el fin de destruir los microorganismos sin alterar la composición y cualidades del líquido.

Para elaborar la mantequilla industrialmente se sigue el siguiente proceso. En primer lugar, la leche es pasteurizada, lo que consiste en calentarla a una temperatura de entre 92 y 95°C (197.6 y 203°F) durante medio minuto. De esa forma -al menos en teoría- se destruyen totalmente las bacterias consideradas posibles agentes patógenos generadores de enfermedades y se consigue inactivar las lipasas, que son enzimas que están presentes en la leche y responsables directas de ciertas alteraciones graves en la mantequilla detectadas durante el proceso de almacenamiento. A fin de favorecer la cristalización de la grasa y de mejorar su extensibilidad, la leche pasteurizada es dejada en reposo a bajas temperaturas. Posteriormente, se le agregan fermentos lácticos durante un período de quince horas, manteniéndose en una temperatura de entre 14 y 16°C (57.2 y 60.8°F), con el objetivo de propiciar la producción de ácido láctico, encargado de proporcionar el aroma y la acidez característicos de la mantequilla. Para finalizar el proceso, la grasa de la nata se bate con fuerza, lo que la convierte en mantequilla, a la que se le puede o no añadir sal. Se limpia con agua pura estéril y se amasa para lograr una distribución uniforme.

Para que la mantequilla sea considerada de primera calidad la masa debe ser compacta, no muy dura, y debe tener un color amarillo. Se sabe que su contacto con el aire la enrancia con facilidad y eso afecta sus estándares de calidad. Con el objetivo de que ésta no pierda sus propiedades debe ser preservada del calor, de la luz y del aire. Por otra parte, cabe mencionar que existen varios tipos de mantequilla, pero se agrupan principalmente en dos categorías:

- Mantequilla ácida: tras la acidificación de la crema (esta es la tradicional).
- Mantequilla dulce: antes de la acidificación de la crema.

Además, como ya se ha comentado, se le puede añadir sal o no, obteniéndose mantequilla salada o normal, según el caso. Y, por supuesto, se puede elaborar a partir de la leche de muchos animales, siendo las más corrientes en Occidente la mantequilla de oveja, vaca o cabra. Como curiosidad menciono que no es posible obtener mantequilla de la leche de camella.

La mantequilla tradicional, desde el punto de vista nutricional, es un producto con un alto contenido en grasas, y grasas de la peor calidad. Cien gramos de mantequilla contienen entre ochenta y ochenta y cinco gramos de grasa, de las cuales, aproximadamente, sesenta gramos son ácidos grasos saturados, veinticinco gramos son ácidos grasos monoinsaturados y apenas dos gramos son ácidos grasos poliinsaturados. Por otra parte, cien gramos de mantequilla contienen doscientos treinta miligramos de colesterol. Las cantidades de vitamina A y D, calcio, fósforo, sodio, potasio y magnesio presentes en ese popular derivado lácteo son mínimas.

Al igual que la mayonesa, pese a lo dañina que resulta, la mantequilla tradicional, ya sea elaborada de forma casera o industrial, es ampliamente consumida por la mayor parte de la gente. Pero este tipo de mal llamado alimento nunca ha formado parte del plan dietético de Dios para la humanidad. Él sabía que el consumo de esa clase de grasas está en pugna con la salud de la gente. De hecho, aunque no existe ni un solo versículo bíblico que prohíba explícitamente comer mantequilla, el Diccionario de la Real Academia de la Lengua Española define la mantequilla como la manteca de la leche de la vaca, y a la manteca como una grasa consistente. La pregunta es: ¿Qué le ordenó Jehová de los ejércitos a su pueblo cuando con gran poder los liberó del yugo esclavista del antiguo Egipto y le dio las normas dietéticas que debían seguir? La respuesta nos llega a través de un versículo, y, aunque ese versículo fue escrito hace miles de años, el contenido de sus letras habla alto y claro hoy en día:

> "Habla a los hijos de Israel diciendo: Ninguna grosura de buey ni de cordero ni de cabra comeréis."[7]

Y resulta que la mantequilla es una de las grasas más tóxicas que podemos consumir. Es la grasa batida de la leche de vaca. Y si bien es cierto que el uso de la mantequilla por parte del pueblo de Dios era una práctica habitual en aquellos tiempos, según lo confirman algunos pasajes bíblicos[8], eso no quiere decir que fuera algo que alegrara el corazón del Creador, porque su consumo está abiertamente en contra de las normas alimenticias que Dios mismo estipuló.

La ingesta de mantequilla no es buena para nadie, pero es de suponer que debido a su alto porcentaje en grasas saturadas y colesterol su consumo está contraindicado de forma especial para personas que sufren sobrepeso, obesidad, hipercolesterolemia, hipertrigliceridemia, diabetes y trastornos cardiovasculares y de vista.[9]

En fin, actualmente "sabemos que las grasas baratas tales como el aceite de soya, el aceite de canola o el aceite de maíz (refinados), no son saludables para consumir en grandes cantidades, a largo plazo. El peor tipo de grasas son las parcialmente hidrogenadas. Son los aceites hidrogenados usados en productos al horno como galletas, mantequillas, margarinas, mantequillas batidas, etc. Esos son los peores productos que puedes comer. Si quieres grasas saludables necesitas alimentarte de grasas naturales que encuentras en aguacates, semillas de chía, linaza (lino o flax seeds). Esas son grasas saludables."[10] La mantequilla es la grasa

---

[7] Levítico 7:23

[8] "Trajeron a David y al pueblo que estaba con él, camas, y tazas, y vasijas de barro, y trigo, y cebada, y harina, y grano tostado, habas, lentejas, y garbanzos tostados, miel, manteca, ovejas, y quesos de vacas, para que comiesen; porque dijeron: Aquel pueblo está hambriento, y cansado, y tendrá sed en el desierto." 2 Samuel 17:28-29

[9] "Las cataratas también están vinculadas con los productos lácteos. La galactosa también daña los lentes del ojo, ocasionando cataratas." Digestive Disease and Sciences. 1982; 27:257-64.
"Según un estudio, la mantequilla es el alimento que más aumenta el riesgo de padecer cataratas, cuando se consume regularmente." Dr. Roger. D. Pamplona, 31. Salud por los alimentos. Editorial Safeliz. Madrid. España.

[10] Mike Adams. Maestría en Nutrición. Periodista de salud y escritor. Hungry for change (Hambre de cambio). Documental norteamericano sobre nutrición y pérdida de peso realizado en el año 2012.

pura y concentrada de la leche de la vaca. Es una de las grasas más tóxicas que podemos comer. Eso no es conveniente para nadie, y mucho menos para usted.

Margarina: casi plástico

El Diccionario de la Real Academia de la Lengua Española define como margarina a una sustancia grasa, de consistencia blanda, que se extrae de ciertas grasas provenientes de los animales y de aceites vegetales, y que tiene los mismos usos que la mantequilla. La margarina es una grasa trans, es decir, transformada. Las grasas trans son un tipo de grasa alimentaria. Estas grasas se forman cuando los fabricantes de los alimentos convierten aceites líquidos en grasas sólidas, como manteca o margarina, echando mano del proceso de hidrogenación o de inyección de hidrógeno a fin de solidificarlas. Las grasas trans se encuentran en muchos alimentos fritos, en la comida rápida y en los empacados o procesados, tales como empanizados y frituras, manteca y margarina en barra, pasteles, mezcla para pasteles, tarta, masa para tarta, etc. Los alimentos de origen animal, como las carnes rojas y los lácteos, tienen pequeñas cantidades de grasas trans, pero la mayoría de las grasas trans provienen de los alimentos procesados.

De todas las grasas, las grasas trans son de las peores para su salud. Según los archivos de la Biblioteca Nacional de Medicina de los Estados Unidos, consumir demasiada grasa trans en la alimentación incrementa su riesgo de padecer enfermedades cardíacas y otros padecimientos. Las grasas trans aumentan su colesterol LDL (malo) y reducen su colesterol HDL (bueno), y tener niveles altos de LDL, junto con niveles bajos de HDL, puede provocar que se acumule colesterol en los vasos sanguíneos, especialmente en las arterias. Esto incrementa las probabilidades de presentar una enfermedad cardíaca o un accidente cerebrovascular. Además, las grasas trans propician aumento de peso y riesgo de diabetes, y, lamentablemente, muchos alimentos altos en grasas, como los productos horneados y los fritos, tienen muchas grasas trans. Comer demasiadas grasas trans puede provocar aumento de peso y también puede aumentar su riesgo de presentar diabetes tipo 2. Mantener un peso saludable puede reducir su riesgo de tener diabetes, enfermedades cardíacas y otros problemas de salud.

Cuando la grasa se oxida crea radicales libres. Las grasas trans, como la margarina, son grasas rancias y oxidadas y crean el terreno propicio para que los radicales libres, enemigos número uno de las células, inunden el sistema. Esos radicales libres, de los cuales forman parte el colesterol, se adhieren a las paredes de las arterias y vasos capilares y son muy difíciles de desprender, y con una facilidad abrumadora forman las temidas placas ateromatosas responsables de los problemas cardio y cerebro vasculares, entre otras muchas dolencias. Y para colmo de males, cuando esa grasa se combina con las grasas y proteínas animales se convierten en una bomba de tiempo dentro del cuerpo. Por otra parte, el estrés oxidativo es el proceso de deterioro celular dependiente de la producción de radicales libres. El exceso de radicales libres dañan a nuestro cuerpo causando, en el mejor de los casos, el envejecimiento precoz, y en el peor, graves enfermedades. La gente tiene derecho a saber que "todo lo que cause estrés oxidativo crea una reacción de radicales libres, y los radicales libres van a crear un daño en el tejido corporal del individuo, y el cuerpo va a tratar de defenderte tratando de poner parches, y el parche es colesterol. ¿Qué causa estrés oxidativo? Los aceites vegetales refinados y las margarinas vegetales, entre otras cosas. Por cierto, entre la margarina y la mantequilla –no se recomienda ninguna- es mejor la mantequilla de una vaca sana que se alimente con pasto, o, al menos, si no me das la mantequilla, tampoco me des la margarina."[11] La margarina sólo sirve para limpiar los zapatos. La margarina es tan perjudicial que usted saldría ganando si en su lugar usara para comer o cocinar vaselina en vez de ese casi pedazo de plástico. La margarina es muy alta en ácidos grasos trans, ocasiona un triple riesgo de padecer enfermedades coronarias, aumenta el colesterol total y el LDL (el colesterol malo) y disminuye el HDL (el colesterol bueno), aumenta en cinco veces el riesgo de cáncer, disminuye la calidad de la leche materna, disminuye la reacción inmunológica del organismo y disminuye la reacción a la insulina, por sólo nombrar algunos de los efectos de su ingesta sobre el organismo. Y cuidado con la publicidad engañosa. "La margarina con 0% de colesterol me va a subir el colesterol porque me va a causar daño oxidativo, que a su vez me va a causar daño de radicales libres, que a su vez va a forzar a mi hígado a lanzar y segregar más y más colesterol."[12]

El doctor Walter Julius Veith explica que "la Sociedad Americana de Enfermedades del Corazón comenzó advirtiendo contra las grasas saturadas y dijeron que son las que causan la enfermedad del corazón. Por el año 1970 la advertencia comenzó a tener efecto y el norteamericano promedio comenzó a cambiar su dieta y tomar más grasas poliinsaturadas y

---

[11] Oscar Sande. Nutricionista. Serie Nutrición y Vegetarianismo: Principio y Aplicación. Conferencia Número II. Publicado por ALFA TV. Asociación ALFA Salud Total/ 2013.
[12] Id.

menos grasas saturadas. También se dijo que era mejor cambiar de la mantequilla a la margarina. A partir de ese momento, de 1970 a 1993, el número de ataques cardíacos entre la población se redujo drásticamente, período en el que la fuerte campaña publicitaria hizo que la gente tomara conciencia y cambiara su dieta. Se suscitaron campañas similares alrededor del mundo instando a las personas a cambiar de grasas saturadas a poliinsaturadas para prevenir las enfermedades del corazón. Eso fue genial. ¿Pero qué pasa con las grasas y el cáncer? En ese mismo período de tiempo, mientras que los ataques cardíacos bajaron, el cáncer creció. El número de personas con cáncer de mamas y de próstata se disparó. ¿Cuál fue el problema? Todas las naciones que eran altas consumidoras de grasa eran las que tenían las más altas tasas de cáncer. Así en los años 80 comenzaron a hacer experimentos y encontraron que la dieta se ve afectada por lo que se come, y, especialmente, por el consumo de grasas. Así que cuantas más grasas consume una nación, más alto es el riesgo de cáncer, sobre todo de mamas, cáncer de colon, cáncer rectal, cáncer de próstata y de páncreas. Son esos los tipos de cáncer que son inducidos por productos grasos."[13]

    Las margarinas y los aceites hidrogenados se han convertido en un gran problema sanitario que enfrentamos hoy en día. ¿Cuáles son los ingredientes de la margarina? Aceite de soya, de maíz, de girasol, de oliva, de coco y de palma, emulsionantes, colorantes, conservantes y aromatizantes. Esa mezcla de cosas pasa un proceso para eliminar las gomas insolubles y otros elementos, y por otro procedimiento llamado neutralización para el que se utiliza sosa cáustica. De ahí siguen procesos de blanqueado, filtración, desodorizado, hidrogenación –con mucho calor y un catalizador de hidrógeno–, y se hace la margarina. El aceite vegetal es un líquido y es la materia prima principal de la margarina. La pregunta es: ¿entonces como la margarina es sólida y no líquida si viene del aceite vegetal? Porque se le ha añadido mucho hidrógeno para conseguir esa solidificación. "El aceite vegetal se ha transformado de líquido a sólido porque la industria sabe que al ser la margarina un sustituto de la mantequilla el consumidor no desea que se le derrame sobre el pan, lo que quiere es untarla sobre el pan. Cuando el aceite está transformado de esta forma por haber pasado por tantos procedimientos, las bacterias no tienen las enzimas que reconocen la grasa, lo cual es bueno para la industria porque significa que esa grasa no se va a poner rancia. ¿Sabes qué? Las nuevas generaciones no saben lo que es un alimento rancio. No saben. ¿Cuándo fue la última vez que usted escuchó decir que un alimento se le ha puesto rancio? Ya eso no pasa. ¿Y por qué no se enrancian? Debido a que las bacterias no lo quieren más. ¿Por qué no los quieren más? Porque no pueden digerirlos más. La mala noticia es que esas bacterias tienen las mismas enzimas que los humanos para digerir esos alimentos, lo que significa que nosotros tampoco podemos digerirlos bien. Entonces, ¿qué es realmente la margarina? Es una grasa trans, o sea, transformada. Es una sustancia extraña. Yo la llamo crema de zapato. Es buena para limpiar los zapatos, pero no para el consumo humano. El problema es que al ingerirla el cuerpo se

---

[13] Dr. Walter Julius Veith. Conferencia Tu salud, tu elección.

encuentra con un tipo de grasa que no es capaz de digerir. ¿Qué puede hacer con ella? Almacenarla donde no moleste, de la misma manera en la que se almacenan los trastos de un hogar en la buhardilla o el ático de la casa. De modo que el cuerpo la almacena bajo la piel y empieza a entrar en los tejidos conectivos haciendo los típicos bultos que identifican a la celulitis. En esa condición comienzas a hacer ejercicios fuertemente, pero esa celulitis no va a desaparecer. La única manera de deshacerse de ella es dejando de comer ese plástico que es una grasa trans y al mismo tiempo hacer ejercicios. Con el tiempo se irá a través de la piel porque la piel es oleosa, las células se romperán y la grasa se liberará de esa manera y quedará resuelto el problema."[14]

La margarina, esa grasa trans, ha causado una epidemia de enfermedades en esta sociedad, incluida la obesidad. Por favor, entiéndalo bien: mucha de la comida industrial la lleva. Cada vez más países prohíben su consumo mediante la imposición de restricciones respecto a su uso por parte de la industria alimenticia. La hidrogenación de los aceites vegetales que se aplica para darles consistencia y para que a temperatura ambiente esas grasas se endurezcan es un procedimiento que altera las moléculas naturales del aceite vegetal, su principal materia prima, y crea una sustancia altamente cancerígena. Actualmente, el huevo tiene 15 veces más Omega 6 que 3, pero la margarina tiene muchísimo más: 70 veces más Omega 6 que 3. El Omega 3 es antinflamatorio, pero el Omega 6 es inflamatorio. Por eso su ingesta produce trastornos inflamatorios crónicos, dolores crónicos, molestias articulares, cansancio, agotamiento y un disloque absoluto en el organismo. El consumo de margarina también debilita el sistema inmunológico debido a que el sistema inmune no la identifica como alimento, sino como moléculas extrañas. De hecho, se afirma que a la margarina solo le falta una molécula para ser un plástico. Y, aunque en realidad la margarina no es plástico, ya que está hecha a base de aceites vegetales hidrogenados, lo cierto es que se ha descubierto que solo le falta un compuesto químico para convertirse en plástico, por lo que podemos afirmar que comer margarina es casi lo mismo que comerse un pedazo de plástico. Es lógico que ante su presencia en el cuerpo el sistema inmune lo detecte como algo raro y lo ataque. Pero, una vez más, pese a lo peligrosa que resulta muchísima gente la consume. El consumo de margarina ha disparado los índices de obesidad y de síndrome inflamatorio. La inflamación a bajos niveles, pero en forma permanente, es la base de todas las enfermedades agudas, crónicas y degenerativas que hoy en día la humanidad padece y entre las cuales se agrupan la mayor parte de los enfermos.

Cuando se tira de la manta para entender cómo se fabrica la margarina, es espeluznante lo que se encuentra. Pues resulta que "al aceite refinado, ya inservible, le agregamos hidrógeno y se convierte en manteca. Luego lo pintamos de amarillo, lo salamos y se llama margarina. Al comer margarina estamos comiendo hidrocarburos. Una arepa hecha

---

[14] Dr. Walter Julius Veith. Conferencia Tu salud, tu elección.

con vaselina posiblemente sería menos dañina que con margarina. (...) Casi todas las enfermedades se asocian al consumo de aceites refinados y margarinas."[15]

Si usted quiere disminuir el colesterol no debe comer margarina como sustituto de la mantequilla, porque la margarina es una grasa hidrogenada, o sea, una grasa trans, y se ha comprobado que sube el colesterol, incluso más que la mantequilla. Además, las grasas hidrogenadas, como es el caso de las margarinas, tienen mucho níquel, el cual, según las declaraciones de la doctora Hulda Clark, es un potente cancerígeno. Su cuerpo no necesita ni obtiene beneficio alguno de las grasas trans. Consumir esas grasas aumenta su riesgo de tener problemas de salud de todo tipo.

Las grasas trans, como la margarina, no son comida, no son aptas para el consumo humano. Nunca lo han sido y nunca lo serán. No son un alimento. Son buenas para la industria, y los años han demostrado que lo que es bueno para la industria es malo para usted. Incluso, debido a que se sabe que a la margarina solo le falta un producto químico para ser plástico, este hecho debería ser suficiente para evitar su uso o el de cualquier otro "alimento" que contenga aceites hidrogenados, ya sea total o parcialmente hidrogenados. El añadir hidrógeno de forma artificial a esas grasas les cambia su estructura molecular y ese cambio no beneficia para nada. Comer margarina es como comer vaselina. Son grasas malas pintadas de amarillas. La codiciada margarina es absolutamente antinatural y perjudicial para su organismo. Y hay una forma de poder comprobar cuán perjudicial es la margarina por uno mismo. ¿Cómo? A través de un simple experimento. Compre un poco de margarina y déjela destapada en un sitio con sombra. Espere pacientemente y dentro de unos días notará dos cosas:

1- No habrá moscas ni ningún otro ser vivo posándose sobre ella. Ni siquiera esos molestos bichos se le acercarán.

2- No se pudre ni huele mal o diferente, porque no tiene ningún valor nutritivo. En ella nada crece. Ni siquiera los diminutos microorganismos pueden crecer allí. Ni las bacterias la quieren.

¿Por qué pasa eso? Pues porque la margarina es casi plástico, y ni los animales ni los microorganismos la perciben como alimento. ¿Conclusión? Como seres humanos la ingesta de margarina no nos conviene.

---

[15] Dr. Germán Alberti. Naturópata. Conferencia Las leyes de la salud.

Una es veneno.

La otra tambien.

Mantequilla

Margarina

VS

Ante la pregunta de qué es más sano, si la mantequilla o la margarina, la respuesta es la siguiente: Si tenemos presente que la primera está llena de grasas saturadas y colesterol, y que la segunda abunda en grasas hidrogenadas y ácidos grasos trans, la respuesta es obvia:

NINGUNA.

Es como preguntar si prefiere morir ahorcado o fusilado.

Para tener en cuenta

Todas las recetas compartidas en este libro, tanto de mantequillas como de mayonesas veganas, han sido pensadas para poder sustituir de la mejor manera posible las recetas tradicionales que, en términos de salud, no aportan ningún beneficio. Todas ellas están libres de productos animales, tanto de grasas como de proteínas tóxicas, de productos refinados y de aditivos químicos. Todas las preparaciones no solo se pueden considerar verdaderos alimentos, sino también auténticas medicinas, porque están repletas de productos de la tierra en su estado más virgen y cargados de vitaminas, minerales, grasas y proteínas de máxima calidad y biológicamente convenientes, carbohidratos completos, fitoquímicos, enzimas y fibra, y esos son precisamente los mejores alimentos. Y cuando hablamos de sustituir mayonesas, mantequillas y margarinas por opciones mejores, estamos hablando principalmente desde el punto nutricional. En cuanto a sabor, olor y textura no existe nada en este mundo que pueda imitar al detalle a la mayonesa, mantequilla o margarina tradicional. Estamos hablando de un concepto diferente de comida, de una forma superior de alimentación, y teniendo en cuenta que, "convenientemente preparadas, las aceitunas, lo mismo que las oleaginosas, pueden reemplazar la mantequilla y la carne,"[16] diversas recetas de este volumen tienen como principales ingredientes precisamente a estos alimentos. De hecho, por ejemplo, "las aceitunas pueden prepararse de tal manera que se puedan ingerir con buen resultado en cada comida. Las ventajas que se procuran con el uso de mantequilla pueden obtenerse con el consumo de aceitunas debidamente preparadas. El aceite de las aceitunas alivia el estreñimiento, y para los tísicos y para los que tienen estómago inflamado e irritado es mejor que cualquier droga. Como alimento, es mejor que cualquier aceite obtenido de segunda mano de los animales."[17] Las mayonesas y mantequillas hechas con frutos secos, frutas secas, semillas, legumbres y otros productos de la tierra, son un verdadero festín de nutrientes, tienen un sabor exquisito y resultan una inmensa fuente de energía para el cuerpo.

Conviene comentar que algunas de las recetas compartidas en este libro contienen ingredientes que quizás para algunos no resulten familiares, por lo que a continuación se detallan con el objetivo de que usted pueda familiarizarse con ellos:

- **Las Herbes de Provence (en francés) o Hierbas Provenzales (en español):** Es un condimento o sazonador natural. Está conformado de una mezcla de plantas culinarias secas y oriundas de las zonas mediterráneas, y especialmente de Provenza, región ubicada al sur de Francia. Resulta una alternativa perfecta a los pocos recomendables sazonadores industriales cargados de químicos y sustancias malévolas para el organismo, entre los que casi siempre hace acto de presencia el dañino glutamato monosódico. Está compuesta de una mezcla de hierbas aromáticas secas y molidas, las cuales aportan sustancias benéficas al cuerpo. Dan un toque

---

[16] EGW. Consejos sobre el régimen alimenticio, 416
[17] Id.

delicioso a las preparaciones, realzando su sabor haciéndolas más apetitosas. La nposición de la mezcla agrupa al tomillo, la mejorana, el orégano, el romero, la albahaca, el hinojo, el perifollo, el estragón, el laurel, la ajedrea, el espliego o lavanda, etc.

- Italian Seasoning o Hierbas Italianas: Es otro sazonador o condimento natural basado en un cóctel de plantas culinarias secas. La preparación se compone de mejorana, orégano, tomillo, romero, ajedrea, albahaca y salvia. El toque de sabor y el aporte de buenas propiedades que les regala este sazonador a muchos de mis platos es muy conveniente y sumamente exquisito.

- Levadura nutricional (nutritional yeast en inglés): Los copos de levadura nutricional se hacen a partir de levaduras inactivas. Su delicioso sabor a nuez y a queso la hace irresistible aun a los paladares más exigentes. Proporciona una de las fuentes más ricas de vitamina B y oligoelementos. Además, aporta proteínas de alto valor biológico, minerales claves como el cinc, selenio, magnesio, cromo y hierro, enzimas y lecitinas. Se utiliza como condimento, como sustituto del queso tradicional, para elaborar mantequillas y mayonesas veganas y se puede poner sobre pasta, arroces, ensaladas, verduras, viandas, o incluso se puede consumir como suplemento nutricional.

- Aceite vegetal: Todos los aceites vegetales propuestos en las diferentes recetas deben estar en su estado virgen, es decir, deben ser orgánicos. El término orgánico significa dos cosas: en primer lugar, que la materia prima utilizada para elaborar el aceite no ha sido obtenida mediante manipulación genética, y, en segundo lugar, que no ha sido cultivada mediante métodos tradicionales que utilizan pesticidas químicos. Por otra parte, estos aceites son extraídos mediante procesos mecánicos, y no químicos que suelen incluir componentes derivados del petróleo que resultan totalmente tóxicos y acidificantes para el cuerpo. Orgánico significa completamente natural. Los aceites refinados no son naturales, no son sanos y resultan un peligro para la salud de la gente, por lo que lo más sabio es descartarlos completamente.

- Harina de algarroba: La algarroba es el fruto del algarrobo, que pertenece a la familia de las leguminosas. Es un sustituto natural del chocolate. A partir de la algarroba se prepara un sucedáneo del chocolate llamado carob en inglés, y que, a diferencia de éste, es dulce por naturaleza, ya que posee un cincuenta por ciento de sacarosa, glucosa y fluctuosa. El algarrobo es un árbol típico de la zona mediterránea de Europa. España es uno de sus mayores productores. De hecho, durante la Guerra Civil española, la algarroba se convirtió en el alimento por excelencia en los períodos de hambruna. Aunque tradicionalmente se ha utilizado para alimentar el ganado, los beneficios que esta vaina tiene para el organismo humano son indiscutibles ya que su ingesta aporta carbohidratos (azúcares naturales), proteínas, fibras, minerales, vitaminas y grasas de excelente calidad. Es magnífico como astringente, diarreico y antifúngico. Tiene un efecto secuestrante que retrasa la absorción de lípidos y glúcidos. Además, tiene un efecto voluminizante, lo que permite aumentar la repleción del estómago y prolonga la sensación de saciedad; y un efecto laxante y emoliente. Es excelente para tratar gastritis, úlcera gastroduodenal y vómitos infantiles. Es laxante y coadyuvante en tratamientos de sobrepeso, diabetes e hiperlipemias, y está recomendada para prevenir la aparición de la arteriosclerosis. La textura de la harina de algarroba es muy similar a la del chocolate en polvo, y su sabor casi idéntico, por lo tanto, se puede utilizar de la misma manera en la que se acostumbra a utilizar el popular chocolate: en helados, batidos, leches, natillas, galletas, etc.

- Alga espirulina: Es un alga marina sumamente nutritiva y desintoxicante. Debido a sus sobresalientes propiedades es consumida como suplemento alimenticio incluso por los astronautas. La espirulina está considerada un superalimento porque no existe sobre la faz de la tierra otro alimento que tenga tanta concentración de proteína de origen vegetal como la que se encuentra en esta bendecida alga marina. Esta alga marina, considerada por muchos como milagrosa, es un concentrado de proteínas de origen vegetal de alta calidad biológica y de otros componentes con propiedades estimulantes, depurativas y regeneradoras. Por su riqueza en clorofila, es una gran detoxificadora de la sangre, y su elevado valor nutricional la ha convertido en un superalimento reconocido por las Naciones Unidas para combatir la anemia y la malnutrición. La spirulina contiene clorofila, proteínas de alto valor biológico, vitaminas, los principales minerales, ácidos grasos esenciales, ácidos nucleicos (ADN y RDN), polisacáridos y un interminable espectro de antioxidantes. Aunque contiene vitamina B12, su consumo no aumenta el nivel de esta vitamina en la sangre, ya que no tiene el formato bioactivo que necesita el cuerpo para absorberla.

- Tempeh: El tempeh es un derivado de la soja muy rico en proteínas vegetales, calcio, grasas cardiosaludables e isoflavonas, que además de ser un aliado de la cocina vegetariana y vegana, resulta muy beneficioso para la salud. Es un producto rico en bacterias beneficiosas para la flora o microbiota intestinal elaborado a partir del grano de soja fermentado. Cuando se habla de alimentos fermentados puede venir a la mente la imagen de alimentos putrefactos, pero la fermentación a la que me refiero no tiene nada que ver con ese concepto. Hay fermentos que potencian la salud y la vida. Son fermentos saludables, y el tempeh es uno de ellos. La ingesta de alimentos correctamente fermentados puede mejorar el funcionamiento del tracto gastrointestinal y tanto la calidad como la cantidad de las bacterias que nos cohabitan porque son ricos en bacterias intestinales buenas o amigas. Los fermentados ayudan a digerir y a reponer las bacterias que colonizan la flora intestinal. El tempeh se considera un alimento probiótico, es decir, un alimento que contiene bacterias vivas que contribuyen al equilibrio de la flora intestinal y que además potencian el sistema inmunológico. Solo hay que tener en cuenta un detalle: asegurarse de que provengan de soya orgánica y no transgénica.

- Salsa de soya: "La tradicional salsa de soya es un ingrediente habitual en las preparaciones de platos vegetarianos y veganos. Es un subproducto de la soya que se utiliza como condimento y que les da un toque especial a las recetas. Una salsa de soya natural debe tener entre sus ingredientes granos de soya y agua purificada, nada más. Sin embargo, es frecuente encontrar que no pocas marcas comerciales al elaborar la popular salsa hayan incluido entre los componentes al glutamato monosódico. Al comprar esta salsa se debe leer la lista de ingredientes, y desechar las que no hayan sido elaboradas con granos de soya orgánica y agua purificada exclusivamente."[18] Se recomienda asegurarse de que la salsa de soya tiene procedencia orgánica.

- Frutas del bosque desecadas (dried cherries en inglés): Las frutas del bosque son pequeñas frutas comestibles del tipo bayas. En lenguaje común, se llama frutas del bosque a las frutas pequeñas, dulces o ácidas, jugosas e intensamente coloreadas obtenidas de arbustos silvestres. Tradicionalmente no se cultivaban, sino que crecían en arbustos silvestres. Cuenta la historia que en el mundo medieval los bosques pertenecían al señor feudal, y las frutas del bosque o cherries que en él crecían podían ser recolectadas por los campesinos, pero, a cambio, debían pagarle al señor por tomarlas. Hoy en día están catalogadas como frutas del bosque el arándano azul, el arándano rojo, el calafate, el agraz silvestre, la cereza, la endrina, el escaramujo (no en crudo, pero sí en mermeladas e infusiones), la frambuesa, la fresa, la fresa silvestre, la frutilla o fresón, el madroño, la murta o murtilla, la muscadinia, la grosella o zarzaparrilla, la grosella negra o zarzaparrilla negra, la grosella alpina, la grosella espinosa, la guinda, la zarzamora, la zarza pajarera, la mora, la mora andina, la mora de los pantanos, el saúco y el maqui. Además de ser deliciosas, las frutas del bosque tienen múltiples propiedades medicinales debido a que son ricas en fitoquímicos como flavonoides, antocianinas y taninos, localizados principalmente en la piel y semillas de estas pequeñas frutas. Muchas frutas del bosque tienen pigmentos antioxidantes y una alta capacidad de absorción de radicales libres, que son los enemigos número uno de las células. Su color les confiere una serie de

---

[18] Extraído del libro DE VUELTA AL EDÉN: UNA GUÍA DE COMIDA SANA de Nely Helena Acosta Carrillo

características y cualidades irresistibles asociadas a la presencia de diversas sustancias que propician la prevención cardiovascular y el antienvejecimiento.

- Azúcar de coco: Es extraída del dulce néctar de las flores de la palmera cocotera. Una vez recolectada la savia se cocina a fuego moderado para evaporar la humedad y el agua sobrante. La savia es 80% agua, 15% azúcar y 5% minerales, así que el calor es usado para evaporar el agua. Al calentarse, la savia va cambiando de color y pasa de ser un líquido translúcido a una sustancia densa y marrón oscura, hasta que se cristaliza y se convierte en azúcar de coco. El azúcar de coco tiene un bajo índice glucémico. El índice glucémico bajo hace que sea un edulcorante natural ideal para los diabéticos, las personas interesadas en la pérdida de peso o simplemente para quienes buscan una alternativa más saludable a los edulcorantes estándar. El azúcar de coco contiene minerales esenciales como el potasio, magnesio, azufre, cinc y hierro, así como las vitaminas C, B3, B6, B1 y B2. El azúcar de coco tiene un 25% más de potasio que los plátanos. Además de ser de bajo índice glucémico puede ayudar a reducir los niveles de colesterol en sangre. Es rica en macro y micronutrientes. Su sabor es parecido al caramelo.

- Azúcar de dátiles: Es un endulzante natural y saludable, y una buena alternativa a la azúcar blanca y al azúcar moreno o integral porque se trata de la propia fruta deshidratada y molida. Se produce de dátiles deshidratados y cristalizados. Es el polvo de los dátiles secos. Esto hace que no sea un azúcar que se disuelva o se funda con el calor, pero tiene muchas aplicaciones culinarias para endulzar con salud. El azúcar de dátiles contiene altas dosis de calorías, pero a diferencia del azúcar blanca o morena, aporta minerales, vitaminas y fibra que ayudan a mantener un buen tránsito intestinal a la hora de eliminar sustancias de desecho del organismo. Es muy dulce y está mínimamente procesada, lo cual la hace mucho más natural que otras conocidas alternativas.

- Sal marina o del Himalaya: En todas las recetas que lo requieren se usa o sal marina o sal del Himalaya. Nunca sal refinada. La sal es la única roca que es comestible para el ser humano, y es posiblemente el condimento más antiguo y barato. Pero no es lo mismo la sal refinada que la sal marina. La primera solo tiene sodio, ingrediente perfecto para dañar la salud cardiovascular. La segunda tiene todos los minerales que el cuerpo necesita. Nada refinado es bueno. Refinación significa empobrecimiento de la materia prima original, y nada empobrecido alimenta. La sal refinada o degenerada, que es la que usa la mayor parte de la gente, es un veneno, porque es prácticamente cloruro de sodio y no aporta los minerales necesarios para el suero sanguíneo, y, además, es altamente acidificante. En cambio, la sal marina no solo tiene todos los minerales de la tabla periódica, sino que además es pobre en sodio.

Lo mismo pasa con las sales de roca como la del Himalaya o la de Los Alpes. Tomadas en la correcta medida, esas sales son una inyección de vida para la sangre y aportan energía y vitalidad a nuestro cuerpo. Un individuo con un peso de 70 Kilos (154 libras) debe consumir alrededor de 12-14 gramos de sal diariamente. La sal de calidad aporta alcalinidad y de la alcalinidad depende la salud de todo el cuerpo.

Y hablando de ingredientes, en este libro de recetas veganas hay algunas preparaciones que incluyen la miel. "Respecto a la miel hay que señalar que algunas personas la consideran como un alimento de origen animal y otras no. Sin embargo, realmente la miel no es un producto de origen animal, a pesar de que un animal -la abeja- interviene en su elaboración. La miel es elaborada a partir de una materia prima vegetal -néctar de las flores- y el contacto con la saliva del insecto transforma dicho néctar en el producto final. Las abejas lo único que hacen es trasladarlas en su boca y colocarlas en la colmena. Resulta imposible considerar a la miel un alimento derivado animal similar a la leche o los huevos que son productos engendrados dentro del animal, y, como consecuencia, cargados de las toxinas de estos."[19] Si usted está dentro del grupo de personas veganas que consideran a la miel como un producto de origen animal, entonces debe sustituir ese ingrediente por edulcorantes naturales que no representen riesgos para la salud.

Para su tranquilidad usted debe saber que todos los ingredientes que forman parte de las diferentes propuestas presentadas en este libro pueden ser adquiridos en mercados convencionales o en tiendas de productos naturales.

A diferencia de la cocina tradicional, este estilo de cocina no depende de cantidades exactas de ingredientes para que una receta quede bien. Al ser todos productos naturales hay un margen de juego que no existe en el otro tipo de cocina. Por ejemplo, si va a hacer mantequilla de almendras y ciruelas pasas, usted puede poner mayor o menor cantidad de ciruelas pasas, dependiendo del grado de dulzor y de la textura que desee lograr. Siempre queda bueno, le ponga más o le ponga menos. Eso quiere decir que las cantidades de ingredientes propuestos en cada una de las recetas de este libro no tienen que ser exactas. Usted puede moverse a más o a menos, dependiendo de su gusto personal.

Para elaborar las recetas, y dado que están basabas en mezclas de distintos productos con más o menos nivel de dureza, se necesita un procesador de alimentos potente, un Nutribullet, un equipo Ninja o cualquier otro que resulte apto para estos menesteres.

Por último, cabe matizar que tanto las mantequillas como las mayonesas, si no se consumen en el momento, deben ser conservadas en la nevera y en frascos de cristal convenientemente limpios y con tapa. Teniendo en cuenta que estamos hablando de productos

---

[19] Extraído del libro DIETA, ESPIRITUALIDAD Y SALVACIÓN de Nely Helena Acosta Carrillo

naturales, sin conservantes químicos de ningún tipo, el tiempo de almacenamiento no debe exceder los siete días, o sea, una semana. Por otra parte, conviene destacar que todas las recetas pueden ser utilizadas de la misma forma en las que se suelen usar las recetas tradicionales de mayonesa, mantequillas y margarinas: con pan o galletas integrales, para acompañar arroz, pasta o verduras hervidas o a la plancha, etc.

Con la ayuda de Dios usted y su familia podrán disfrutar de estos manjares que no solo resultan nutritivos, saludables y muy fáciles de preparar, sino que también, en la mayor parte de los casos, son sumamente económicos.

Y como dicen los franceses, solo resta desearles

Mantequilla de aceite de coco y aceite de oliva

Ingredientes (1 taza mediana)

½ taza mediana de aceite o manteca de coco

½ taza mediana de aceite de oliva virgen extra

1 cucharada sopera de levadura nutricional (nutritional yeast)

Sal marina a gusto

Procedimiento

Poner ambos aceites en una cacerola adecuada y calentar a fuego bajo hasta que estén entremezclados. Agregar la sal y remover. Poner la mezcla en el vaso pequeño del Nutribullet, o en su defecto, en un recipiente de cristal, y refrigerarla hasta que adquiera una apariencia sólida, similar a una crema espesa. Sacar de la nevera, añadir la levadura nutricional y batir la mezcla, ya sea en el Nutribullet, en una batidora o en un procesador de alimentos. Batir hasta que la mezcla alcance el doble de su tamaño inicial. Vaciar el contenido en los moldes elegidos y refrigerar para que se solidifique, tal y como muestra la foto. Sacar de los moldes y guardar en la nevera en un recipiente de cristal. Esta receta básica se puede enriquecer añadiéndole ajo, cebolla, cebollino, cilantro o perejil, algas marinas, etc.

Mantequilla de anacardos y espinacas

Ingredientes (1 taza mediana)

1 taza mediana de anacardos crudos remojados en agua pura por al menos 4 horas. A los anacardos también se les conoce como cajú, merey, castaña de cajú, marañón, cajuil, caguil, pepa o merey.

1 puñado grande de espinacas frescas y lavadas

1 pizca de sal marina o del Himalaya

Agua del remojo para facilitar la emulsión de la mezcla. La cantidad depende de la textura que usted desee.

Jugo de 1 limón mediano

Procedimiento

Poner todos los ingredientes en el Nutribullet o procesador de alimentos y mezclar hasta lograr una textura fina y homogénea, tal y como muestra la foto. Conservar o servir.

Mantequilla de semillas de girasol

INGREDIENTES (1 TAZA MEDIANA)

1 taza de semillas de girasol remojadas en agua pura por al menos 4 horas

1 diente de ajo pelado y machacado

Jugo de 1½-1 limón mediano

Una pizca de sal del Himalaya

3 ramitas de cilantro fresco cortadito

Agua del remojo para facilitar la emulsión de la mezcla. La cantidad depende de la textura que usted desee.

PROCEDIMIENTO

Poner todos los ingredientes en el Nutribullet o procesador de alimentos y mezclar hasta lograr una textura fina y homogénea, tal y como muestra la foto. Conservar o servir.

Mantequilla de semillas de calabaza

INGREDIENTES (1 TAZA MEDIANA)

1 taza de semillas de calabaza remojadas en agua pura por al menos 4 horas

½ tomate fresco mediano cortadito

1 diente de ajo pelado y machacado

1 cucharada sopera de aceite de oliva virgen extra

1 cucharadita de orégano seco

Una pizca de sal marina

Agua del remojo para facilitar la emulsión de la mezcla. La cantidad depende de la textura

PROCEDIMIENTO

Poner todos los ingredientes en el Nutribullet o procesador de alimentos y mezclar hasta lograr una textura fina y homogénea, tal y como muestra la foto. Conservar o servir.

Mantequilla de pistachos

Ingredientes (1 taza mediana)

1 taza de pistachos remojados en agua pura por al menos 4 horas

Una pizca de sal marina o del Himalaya

Agua del remojo para facilitar la emulsión de la mezcla. La cantidad depende de la textura que usted desee.

Procedimiento

Poner todos los ingredientes en el Nutribullet o procesador de alimentos y mezclar hasta lograr una textura fina y homogénea, tal y como muestra la foto. Conservar o servir.

Mantequilla de garbanzos

INGREDIENTES (1 TAZA MEDIANA)

1 taza de garbanzos cocidos y escurridos

Jugo de 1 limón mediano

Una pizca de hierbas italianas

1-2 dientes de ajos pelados y machacados

Una pizca de sal del Himalaya

1 cucharada sopera de aceite de nuez o de oliva virgen extra

PROCEDIMIENTO

Esta receta permite aprovechar los garbanzos sobrantes de una comida. Solo se utilizan los granos, pero se debe reservar una pequeña cantidad del caldo de la cocción por si es necesario añadirlo a la mezcla y poder procesarlos sin una resequedad excesiva. Poner todos los ingredientes en el Nutribullet o procesador de alimentos y mezclar hasta lograr una textura fina y homogénea, tal y como muestra la foto. Conservar o servir.

Mantequilla de tofu y tempeh

Ingredientes (1 taza mediana)

½ tarrina de tofu orgánico extra firme tamaño estándar cortado en dados

1 paquete de tempeh tamaño estándar

4 cucharadas soperas de salsa de soya

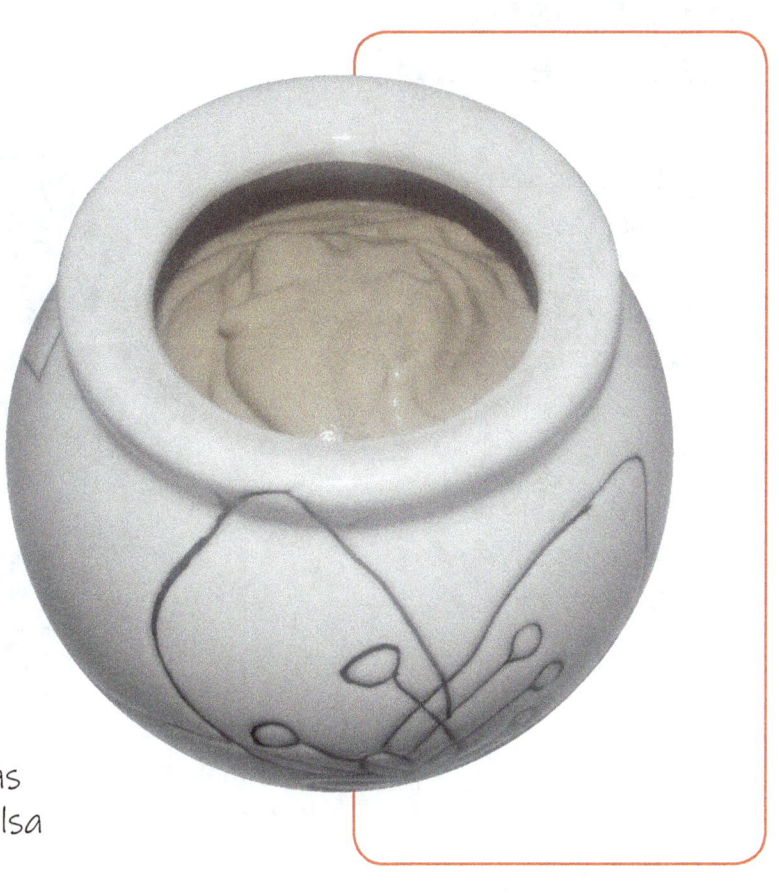

Procedimiento

Poner todos los ingredientes en el Nutribullet o procesador de alimentos y mezclar hasta lograr una textura fina y homogénea, tal y como muestra la foto. Si es necesario, a fin de facilitar la mezcla, añadir 2-3 cucharadas soperas del agua en el que viene el tofu. Conservar o servir.

Mantequilla de tomates secos

INGREDIENTES (1 TAZA MEDIANA)

1 taza de tomates secos remojados en agua pura por al menos 4 horas. Con el remojo doblan su tamaño y la carne se reblandece notablemente

1 cucharada sopera de aceite de oliva virgen extra

½ taza de almendras remojadas en agua pura por al menos 4 horas

Una pizca de orégano seco

Una pizca de sal marina o del Himalaya

1-2 dientes de ajo pelados y machacados

Agua del remojo para facilitar la emulsión de la mezcla. La cantidad depende de la textura que usted desee.

PROCEDIMIENTO

Poner todos los ingredientes en el Nutribullet o procesador de alimentos y mezclar hasta lograr una textura fina y homogénea, tal y como muestra la foto. Conservar o servir.

Mantequilla de berenjenas

Ingredientes (1 taza mediana)

1 berenjena pequeña

1 diente de ajo pelado y machacado extra

Una pizca de sal marina

2 cucharadas soperas de salsa de tomate, preferentemente casero

1 cucharada sopera de aceite de oliva virgen

Una pizca de hierbas Provenzales

Procedimiento

Lavar, cortar en rebanadas y asar a la plancha o en el horno la berenjena. Dejar refrescar y quitarle la piel. Poner todos los ingredientes en el Nutribullet o procesador de alimentos y mezclar hasta lograr una textura fina y homogénea, tal y como muestra la foto. Conservar o servir.

Mantequilla de calabacín y cebolla

Ingredientes (1 taza mediana)

1 calabacín (zucchini) grande

1 cebolla mediana

3 cucharadas de yogurt natural vegano

Una pizca de sal del Himalaya

1 cucharada de aceite de oliva virgen extra

Unas ramitas de menta fresca

Procedimiento

Lavar, pelar y cocinar al vapor el calabacín (zucchini) y la cebolla, hasta que estén suaves, pero con la masa firme. Dejar refrescar. Poner todos los ingredientes en el Nutribullet o procesador de alimentos y mezclar hasta lograr una textura fina y homogénea, tal y como muestra la foto. Conservar o servir.

Mantequilla de aceitunas verdes

INGREDIENTES (1 TAZA MEDIANA)

1 pote de aceitunas verdes deshuesadas conservadas en agua y sal, no en vinagre

1 diente de ajo pelado y machacado

Una pizca de sal marina

Una pizca de hierbas Provenzales

PROCEDIMIENTO

Escurrir las aceitunas, ponerlas en un colador debajo del grifo y lavarlas a conciencia con agua pura a fin de retirar la mayor cantidad posible de conservantes. Poner todos los ingredientes en el Nutribullet o procesador de alimentos y mezclar. Si desea conseguir una textura fina debe mezclar por más tiempo. Si se desea una textura más gruesa, tal y como es el caso de esta receta, el tiempo de procesamiento debe ser mínimo. Conservar o servir.

Mantequilla de aguacate y tomates secos

Ingredientes (1 taza mediana)

½ aguacate maduro mediano
¼ de cebolla morada pequeña cortadita
½ pimiento rojo mediano cortadito
Un ramito de cilantro y perejil cortadito
½ tomate maduro mediano cortadito
1 taza pequeña de tomates secos remojados en agua pura por al menos 4 horas
Jugo de ½ limón mediano
Una pizca de sal marina o del Himalaya
3 aceitunas negras conservadas en agua con sal, y no en vinagre para decorar

Procedimiento

En un recipiente adecuado aplastar con un tenedor la pulpa del aguacate. Agregar el resto de los ingredientes y mezclar hasta lograr una textura similar a la de la foto. Decorar con las aceitunas negras. Conservar o servir.

Mantequilla de nuez de Brasil y orejones

Ingredientes (1 taza mediana)

1 taza mediana de orejones (albaricoques desecados o apricot, en inglés) remojados en agua pura por al menos 4 horas

½ taza mediana de nueces de Brasil crudas remojadas en agua pura por al menos 4 horas

Agua del remojo para facilitar la emulsión de la mezcla. La cantidad depende de la textura que usted desee.

Procedimiento

Poner todos los ingredientes en el Nutribullet o procesador de alimentos y mezclar hasta lograr una textura fina y homogénea, tal y como muestra la foto. Conservar o servir.

Mantequilla de almendras y ciruelas pasas

INGREDIENTES (1 TAZA MEDIANA)

½ taza mediana de almendras crudas remojadas en agua pura por al menos 4 horas

1 taza mediana de ciruelas pasas remojadas en agua pura por al menos 4 horas

Agua del remojo para facilitar la emulsión de la mezcla. La cantidad depende de la textura que usted desee.

PROCEDIMIENTO

Poner todos los ingredientes en el Nutribullet o procesador de alimentos y mezclar hasta lograr una textura fina y homogénea, tal y como muestra la foto. Conservar o servir.

Mantequilla de maní y miel

Ingredientes (1 taza mediana)

1 taza mediana de maní o cacahuetes crudos remojados en agua pura por al menos 4 horas

Miel orgánica a gusto

Agua del remojo para facilitar la emulsión de la mezcla. La cantidad depende de la textura que usted desee.

Procedimiento

Poner todos los ingredientes en el Nutribullet o procesador de alimentos y mezclar hasta lograr una textura fina y homogénea, tal y como muestra la foto. Conservar o servir.

Mantequilla de maní y pasas

Ingredientes (1 taza mediana)

½ taza mediana de maní o cacahuetes crudos remojados en agua pura por al menos 4 horas

1 taza mediana de pasas remojadas en agua pura por al menos 4 horas

Agua del remojo para facilitar la emulsión de la mezcla. La cantidad depende de la textura que usted desee.

Procedimiento

Poner todos los ingredientes en el Nutribullet o procesador de alimentos y mezclar hasta lograr una textura fina y homogénea, tal y como muestra la foto. Conservar o servir

Mantequilla de maní y dátiles

Ingredientes (1 taza mediana)

½ taza mediana de maní o cacahuetes crudos remojados en agua pura por al menos 4 horas

1 taza mediana de dátiles desecados remojados en agua pura por al menos 4 horas

Agua del remojo para facilitar la emulsión de la mezcla. La cantidad depende de la textura que usted desee.

Procedimiento

Poner todos los ingredientes en el Nutribullet o procesador de alimentos y mezclar hasta lograr una textura fina y homogénea, tal y como muestra la foto. Conservar o servir.

Mantequilla de higos y nueces

Ingredientes (1 taza mediana)

½ taza mediana de nueces crudas remojadas en agua pura por al menos 4 horas

1 taza mediana de higos desecados remojados en agua pura por al menos 4 horas

Agua del remojo para facilitar la emulsión de la mezcla. La cantidad depende de la textura que usted desee.

Procedimiento

Poner todos los ingredientes en el Nutribullet o procesador de alimentos y mezclar hasta lograr una textura fina y homogénea, tal y como muestra la foto. Conservar o servir.

Mantequilla de avellanas y piña

Ingredientes (1 taza mediana)

½ taza mediana de avellanas crudas remojadas en agua pura por al menos 4 horas

1 taza mediana de piña desecada remojada en agua pura por al menos 4 horas

Agua del remojo para facilitar la emulsión de la mezcla. La cantidad depende de la textura que usted desee.

Procedimiento

Poner todos los ingredientes en el Nutribullet o procesador de alimentos y mezclar hasta lograr una textura fina y homogénea, tal y como muestra la foto. Conservar o servir.

Mantequilla de frutas del bosque y anacardos

Ingredientes (1 taza mediana)

½ taza mediana de anacardos crudos remojados en agua pura por al menos 4 horas. A los anacardos también se les conoce como cajú, merey, castaña de cajú, marañón, cajuil, caguil, pepa o merey

1 taza de frutas del bosque (cherries) desecadas remojadas en agua pura por al menos 4 horas

Agua del remojo para facilitar la emulsión de la mezcla. La cantidad depende de la textura que usted desee

Procedimiento

Poner todos los ingredientes en el Nutribullet o procesador de alimentos y mezclar hasta lograr una textura fina y homogénea, tal y como muestra la foto. Conservar o servir.

Mantequilla de nuez de Macadamia y dátiles

Ingredientes (1 taza mediana)

½ taza mediana de nueces de Macadamia crudas remojadas en agua pura por al menos 4 horas

1 taza mediana de dátiles desecados remojados en agua pura por al menos 4 horas

Agua del remojo para facilitar la emulsión de la mezcla. La cantidad depende de la textura que usted desee

Procedimiento

Poner todos los ingredientes en el Nutribullet o procesador de alimentos y mezclar hasta lograr una textura fina y homogénea, tal y como muestra la foto. Conservar o servir.

Mantequilla de semillas de chía, frutas del bosque y ciruelas pasas

INGREDIENTES (1 TAZA MEDIANA)

½ taza mediana de semillas de chía remojadas en agua pura por al menos 4 horas

½ taza mediana de frutas del bosque (cherries) desecadas remojadas en agua pura por al menos 4 horas

½ taza mediana de ciruelas pasas desecadas remojadas en agua pura por al menos 4 horas

Agua del remojo para facilitar la emulsión de la mezcla. La cantidad depende de la textura que usted desee.

PROCEDIMIENTO

Poner todos los ingredientes en el Nutribullet o procesador de alimentos y mezclar hasta lograr una textura fina y homogénea, tal y como muestra la foto. Conservar o servir.

Mantequilla de coco seco y ajonjolí

INGREDIENTES (1 TAZA MEDIANA)

½ taza de coco seco en láminas o polvo remojado en agua pura por al menos 4 horas

1 cucharada sopera de semillas de sésamo o ajonjolí ligeramente tostadas

1 taza de frutas del bosque (cherries) desecadas remojadas en agua pura por al menos 4 horas

Miel orgánica a gusto

Agua del remojo para facilitar la emulsión de la mezcla. La cantidad depende de la textura que usted desee.

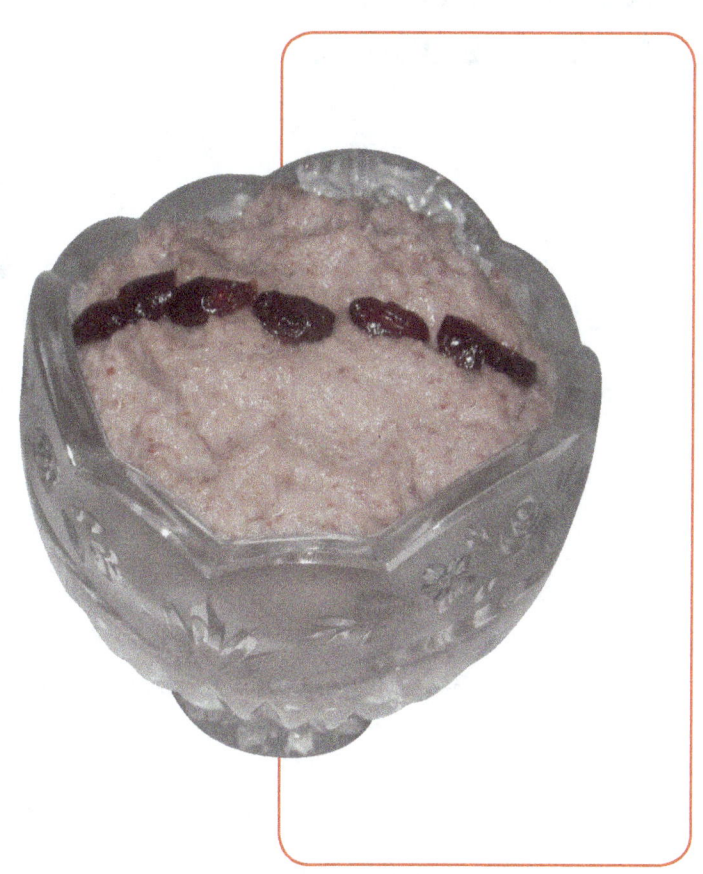

PROCEDIMIENTO

Poner todos los ingredientes en el Nutribullet o procesador de alimentos y mezclar hasta lograr una textura fina y homogénea, tal y como muestra la foto. Conservar o servir.

Mantequilla de masa de coco tierno y harina de algarroba

Ingredientes (1 taza mediana)

1 taza mediana de masas de coco tierno

2 cucharadas soperas de harina de algarroba (carob)

5-6 cucharadas de azúcar de dátiles

Agua del coco para facilitar la emulsión de la mezcla. La cantidad depende de la textura que usted desee.

Procedimiento

Poner todos los ingredientes en el Nutribullet o procesador de alimentos y mezclar hasta lograr una textura fina y homogénea, tal y como muestra la foto. Conservar o servir.

Mantequilla de calabaza y harina de algarroba

INGREDIENTES (1 TAZA MEDIANA)

¼ de calabaza mediana

Una taza pequeña de maní (cacahuete) crudo y remojado en agua pura por al menos 4 horas

4 cucharadas de azúcar de coco
1 pizca de harina de algarroba (carob) para decorar

5 chips de algarroba (carob) para decorar

Agua del remojo para facilitar la emulsión de la mezcla. La cantidad depende de la textura que usted desee.

PROCEDIMIENTO

Lavar, cortar y cocer la calabaza al vapor hasta que esté tierna, pero con la masa firme. Dejar refrescar. Poner todos los ingredientes en el Nutribullet o procesador de alimentos y mezclar hasta lograr una textura fina y homogénea, tal y como muestra la foto. Decorar espolvoreando la harina de algarroba y colocando los chips sobre la mantequilla. Conservar o servir.

Mayonesa de tofu

INGREDIENTES (1 TAZA MEDIANA)

1 tarrina de tofu orgánico extra firme tamaño estándar cortado en dados

Jugo de 1-1½ limón mediano

1 cucharada sopera de levadura nutricional (nutritional yeast)

2 dientes de ajo pelados y machacados

1 cucharada sopera de aceite de oliva virgen extra

Una pizca de sal marina

PROCEDIMIENTO

Poner todos los ingredientes en el Nutribullet o procesador de alimentos y mezclar hasta lograr una textura fina y homogénea, tal y como muestra la foto. Si es necesario, a fin de facilitar la mezcla, añadir 2-3 cucharadas soperas del agua en el que viene el tofu. Conservar o servir.

Mayonesa de tofu y cilantro

Ingredientes (1 taza mediana)

1 tarrina de tofu orgánico extra firme tamaño estándar cortado en dados

2 dientes de ajo pelados y machacados

1 cucharada sopera de aceite de oliva virgen extra

Jugo de 1 limón mediano

1 maso de cilantro lavado y cortado

Una pizca de sal del Himalaya

Procedimiento

Poner todos los ingredientes en el Nutribullet o procesador de alimentos y mezclar hasta lograr una textura fina y homogénea, tal y como muestra la foto. Si es necesario, a fin de facilitar la mezcla, añadir 2-3 cucharadas soperas del agua en el que viene el tofu.
Conservar o servir.

Mayonesa de espárragos

INGREDIENTES (1 TAZA MEDIANA)

1 mazo mediano de espárragos verdes

½ tarrina tofu orgánico extra virgen tamaño estándar cortado en dados

Jugo de ½ limón mediano

Una pizca de sal del Himalaya

Una pizca de hierbas Provenzales

1 cucharada de aceite de oliva virgen extra

PROCEDIMIENTO

Lavar y cortar los espárragos en trozos medianos. Asar a la plancha o cocer en el horno. Dejar refrescar. Ponerlos junto al resto de los ingredientes en el Nutribullet o procesador de alimentos y mezclar hasta lograr una textura fina y homogénea, tal y como muestra la foto. Si es necesario, a fin de facilitar la mezcla, añadir 2-3 cucharadas soperas del agua en el que viene el tofu. Conservar o servir.

Mayonesa de aceitunas negras

Ingredientes (1 taza mediana)

1 pote de aceitunas negras deshuesadas conservadas en agua con sal (no en vinagre)

¼ de cebolla cruda

Una pizca de hierbas italianas

Una pizca de sal marina

¼ tarrina de tofu orgánico extra firme tamaño estándar

Procedimiento

Escurrir las aceitunas, ponerlas en un colador debajo del grifo y lavarlas a conciencia con agua pura a fin de retirar la mayor cantidad posible de conservantes. Poner todos los ingredientes en el Nutribullet o procesador de alimentos y mezclar hasta lograr una textura fina y homogénea, tal y como muestra la foto. Conservar o servir.

Mayonesa a las finas hierbas

INGREDIENTES (1 TAZA MEDIANA)

½ taza mediana de avellanas crudas remojadas en agua pura por al menos 4 horas

4 cucharadas soperas de crema o nata agria vegana (sour cream)

3 raminas de perejil cortadito

3 ramitas de cilantro cortadito

6-8 hojas de menta fresca

Un puñado de espinacas frescas

1-2 dientes de ajo pelados y machacados

Jugo de ½-1 limón mediano

Una pizca de sal marina o del Himalaya

Una cucharada sopera de aceite de oliva virgen extra

PROCEDIMIENTO

Poner todos los ingredientes en el Nutribullet o procesador de alimentos y mezclar hasta lograr una textura fina y homogénea, tal y como muestra la foto. Conservar o servir.

Mayonesa de lentejas

Ingredientes (1 taza mediana)

1 taza mediana de lentejas cocidas y escurridas

2 cucharadas soperas de leche de almendras

½ cebolla mediana cruda

1 cucharada sopera de aceite de oliva virgen extra

Jugo de 1 limón mediano

Una pizca de sal del Himalaya

Una pizca de comino en polvo

Procedimiento

Esta receta permite aprovechar lentejas sobrantes de una comida. Solo se utilizan los granos, pero se debe reservar una pequeña cantidad del caldo de la cocción por si es necesario añadirlo a la mezcla y poder procesarlos sin una resequedad excesiva. Poner todos los ingredientes en el Nutribullet o procesador de alimentos y mezclar hasta lograr una textura fina y homogénea, tal y como muestra la foto. Conservar o servir.

Mayonesa de albahaca

INGREDIENTES (1 TAZA MEDIANA)

1 taza mediana de anacardos crudos remojados en agua pura por al menos 4 horas. A los anacardos también se les conoce como cajú, merey, castaña de cajú, marañón, cajuil, caguil, pepa o merey

1 cucharada sopera de levadura nutricional (nutritional yeast)

Una pizca de sal marina o del Himalaya

½ diente de ajo pelado y machacado

Jugo de ½ limón mediano

8 hojas de albahaca fresca

Agua del remojo para facilitar la emulsión de la mezcla. La cantidad depende de la textura que usted desee.

PROCEDIMIENTO

Poner todos los ingredientes en el Nutribullet o procesador de alimentos y mezclar hasta lograr una textura fina y homogénea, tal y como muestra la foto. Conservar o servir.

Mayonesa de aguacate y hierbabuena

INGREDIENTES (1 TAZA MEDIANA)

1 aguacate mediano maduro de masa firme

1 cucharada sopera de levadura nutricional (nutritional yeast)

10 hojas de hierbabuena lavadas y cortadas

Una pizca de sal del Himalaya

1 diente de ajo pelado y machacado

Jugo de 1 limón mediano

PROCEDIMIENTO

Cortar el aguacate y extraer la masa. Ponerlo en el Nutribullet o procesador de alimentos junto con el resto de los ingredientes y mezclar hasta lograr una textura fina y homogénea, tal y como muestra la foto. Conservar o servir.

Mayonesa de aguacate y menta

Ingredientes (1 taza mediana)

- 1 aguacate mediano maduro y de masa firme
- 10 hojas de menta lavadas y cortadas
- ¼ de cebolla morada mediana
- Jugo de 1 limón mediano
- Una pizca de sal marina

Procedimiento

Cortar el aguacate y extraer la masa. Ponerlo en el Nutribullet o procesador de alimentos junto con el resto de los ingredientes y mezclar hasta lograr una textura fina y homogénea, tal y como muestra la foto. Conservar o servir.

Mayonesa de aguacate y cilantro

Ingredientes (1 taza mediana)

1 aguacate mediano maduro y de masa firme

6-7 ramitas de cilantro lavado y cortado

¼ de cebolla blanca mediana

Jugo de 1 limón mediano

Una pizca de sal marina

Procedimiento

Cortar el aguacate y extraer la masa. Ponerlo en el Nutribullet o procesador de alimentos junto con el resto de los ingredientes y mezclar hasta lograr una textura fina y homogénea, tal y como muestra la foto. Conservar o servir.

Mayonesa de almendras

INGREDIENTES (1 TAZA MEDIANA)

1 taza mediana de almendras crudas remojadas en agua pura por al menos 4 horas

1 cucharada sopera de levadura nutricional (nutritional yeast)

1 diente de ajo pelado y machacado

Una pizca de sal marina

Agua del remojo para facilitar la emulsión de la mayonesa. La cantidad depende de la textura que usted desee.

PROCEDIMIENTO

Poner todos los ingredientes en el Nutribullet o procesador de alimentos y mezclar hasta lograr una textura fina y homogénea, tal y como muestra la foto. Conservar o servir.

Mayonesa de anacardos

Ingredientes (1 taza mediana)

1 taza mediana de anacardos crudos remojados en agua pura por al menos 4 horas. A los anacardos también se les conoce como cajú, merey, castaña de cajú, marañón, cajuil, caguil, pepa o merey

Jugo de 1 limón mediano

Una pizca de sal del Himalaya

Agua del remojo para facilitar la emulsión de la mayonesa. La cantidad depende de la textura que usted desee.

Procedimiento

Poner todos los ingredientes en el Nutribullet o procesador de alimentos y mezclar hasta lograr una textura fina y homogénea, tal y como muestra la foto. Conservar o servir.

Mayonesa de anacardos y espirulina

INGREDIENTES (1 TAZA MEDIANA)

1 taza mediana de anacardos crudos remojados en agua pura por al menos 4 horas. A los anacardos también se les conoce como cajú, merey, castaña de cajú, marañón, cajuil, caguil, pepa o merey

1 cucharada de alga espirulina en polvo

Jugo de 1 limón mediano

1 diente de ajo pelado y machacado

Una pizca de sal del Himalaya

1 pizca de tomillo en polvo

Agua del remojo para facilitar la emulsión de la mayonesa. La cantidad depende de la textura que usted desee.

PROCEDIMIENTO

Poner todos los ingredientes en el Nutribullet o procesador de alimentos y mezclar hasta lograr una textura fina y homogénea, tal y como muestra la foto. Conservar o servir.

Mayonesa de espinacas y nuez de Brasil

INGREDIENTES (1 TAZA MEDIANA)

1 taza mediana de nueces de Brasil crudas remojadas en agua pura por al menos 4 horas

1 taza mediana de espinacas frescas

1 cucharada sopera de aceite de aguacate

1 diente de ajo pelado y machacado

Jugo de 1 limón mediano

Una pizca de sal marina o del Himalaya

Agua del remojo para facilitar la emulsión de la mezcla. La cantidad depende de la textura que usted desee

PROCEDIMIENTO

Poner todos los ingredientes en el Nutribullet o procesador de alimentos y mezclar hasta lograr una textura fina y homogénea, tal y como muestra la foto. Conservar o servir.

Mayonesa de pimientos rojos y almendras

INGREDIENTES (1 TAZA MEDIANA)

3 pimientos rojos crudos

½ taza mediana de almendras crudas remojadas en agua por al menos 4 horas

1 dientes de ajo machacado

2 cucharada de levadura nutricional (nutritional yeast)

Jugo de 1 limón pequeño

Sal marina o del Himalaya a gusto

Agua del remojo para facilitar la emulsión de la mayonesa. La cantidad depende de la textura que usted desee.

PROCEDIMIENTO

Poner todos los ingredientes en el Nutribullet o procesador de alimentos y mezclar hasta lograr una textura fina y homogénea, tal y como muestra la foto. Conservar o servir.

Mayonesa de calabacín y semillas de calabaza

Ingredientes (1 taza mediana)

1 calabacín (zucchini) mediano

2 cucharadas de semillas de calabaza remojadas en agua pura por al menos 4 horas

1-2 dientes de ajo pelados y machacados

Unas ramitas de perejil fresco

Unas ramitas de albahaca fresca

Una pizca de sal del Himalaya

1 cucharada de aceite de oliva virgen extra

Procedimiento

Lavar y cocinar al vapor el calabacín (zucchini) hasta que esté suave, pero con la masa firme. Dejar refrescar. Poner todos los ingredientes en el Nutribullet o procesador de alimentos y mezclar hasta lograr una textura fina y homogénea, tal y como muestra la foto. Conservar o servir.

Mayonesa de calabacín y orégano

INGREDIENTES (1 TAZA MEDIANA)

1 calabacín (zucchini) mediano

1 cucharada sopera de levadura nutricional (nutritional yeast)

1 cucharadita de orégano seco en polvo

Una pizca de sal marina o del Himalaya

1 cucharada de aceite de oliva virgen extra

PROCEDIMIENTO

Lavar y cocinar al vapor el calabacín (zucchini) hasta que esté suave, pero con la masa firme. Dejar refrescar. Poner todos los ingredientes en el Nutribullet o procesador de alimentos y mezclar hasta lograr una textura fina y homogénea, tal y como muestra la foto. Conservar o servir.

Mayonesa suave de yogurt

INGREDIENTES (1 TAZA MEDIANA)

1 taza de yogur vegano natural sin endulzar

½ taza mediana de nueces crudas remojadas en agua por al menos 4 horas

Jugo de ½-1 limón mediano

5 ramitas de cilantro

1-2 dientes de ajo pelados y machacados

Sal marina o del Himalaya a gusto

PROCEDIMIENTO

Poner todos los ingredientes en el Nutribullet o procesador de alimentos y mezclar hasta lograr una textura fina y homogénea, tal y como muestra la foto. Conservar o servir.

Mayonesa de ajo

Ingredientes (1 taza mediana)

1 taza de nueces de Macadamia crudas remojadas en agua por al menos 4 horas

3-4 dientes de ajos machacados

Jugo de 1 limón

Sal marina o del Himalaya a gusto

Agua del remojo para facilitar la emulsión de la mayonesa. La cantidad depende de la textura que usted desee.

Procedimiento

Poner todos los ingredientes en el Nutribullet o procesador de alimentos y mezclar hasta lograr una textura fina y homogénea, tal y como muestra la foto. Conservar o servir.

Mayonesa de remolacha

INGREDIENTES (1 TAZA MEDIANA)

1 remolacha grande

1-2 dientes de ajo pelados y machacados

Jugo de 1 limón mediano

Una pizca de sal marina o del Himalaya

Una pizca de hierbas Provenzales

1 cucharadita de aceite de coco orgánico

1 cucharadita de sésamo o ajonjolí crudo para decorar

PROCEDIMIENTO

Lavar y cocinar al vapor la remolacha. Dejar refrescar. Quitarle la cáscara o piel y cortar en trozos pequeños. Poner todos los ingredientes en el Nutribullet o procesador de alimentos y mezclar hasta lograr una textura fina y homogénea, tal y como muestra la foto. Decorar con las semillas de ajonjolí o sésamo. Conservar o servir.

Mayonesa de tomate

Ingredientes (1 taza mediana)

2 tomates maduros medianos y de masa firme

½ taza mediana de almendras crudas remojadas en agua por al menos 4 horas

Un puñado de hojas de apio crudas

3 ramitas de perejil cortaditas

1 diente de ajo pelado y machacado

Sal marina o del Himalaya a gusto

Procedimiento

Poner todos los ingredientes en el Nutribullet o procesador de alimentos y mezclar hasta lograr una textura fina y homogénea, tal y como muestra la foto. Conservar o servir.

Mayonesa de zanahoria

Ingredientes (1 taza mediana)

2 zanahorias grandes

1 papa mediana

Sal marina o del Himalaya a gusto

Una pizca de hierbas Provenzales

1 cucharadas de aceite de oliva virgen extra

½ cebolla mediana cruda

Jugo de 1 limón mediano

Procedimiento

Lavar, pelar, cortar y hervir la papa y la zanahoria hasta que estén tiernas. Dejar refrescar. Colocarlas en el Nutribullet o en una batidora potente junto al resto de los ingredientes. Mezclar. Si la mezcla está muy espesa, agregar un poco de agua de la cocción y licuar hasta formar una crema con textura similar a la mayonesa, tal y como muestra la foto. Conservar o servir.

Mayonesa de papa y rábano

INGREDIENTES (1 TAZA MEDIANA)

1 papa mediana cocida

1 diente de ajo pelado y machacado

4 rabanitos crudos y cortaditos

1 cucharada sopera de levadura nutricional (nutritional yeast)

1 cucharada de aceite de oliva virgen extra

Una pizca de sal marina o del Himalaya

Una pizca de orégano fresco o seco

Jugo de 1 limón mediano

2-3 cucharadas del agua de la cocción para facilitar la emulsión de la mayonesa

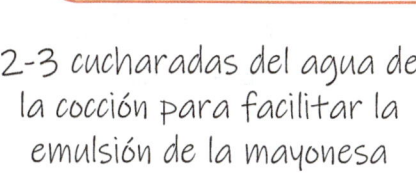

PROCEDIMIENTO

Lavar, pelar y cocer la papa en agua hasta que se ablande. Dejarla enfriar. Poner todos los ingredientes en el Nutribullet o una batidora potente y procesar. Si la preparación queda muy compacta se puede suavizar añadiéndole más agua de la cocción hasta lograr una buena consistencia y una textura fina y homogénea, tal y como muestra la foto. Conservar o servir.

Mayonesa de apio y nuez

INGREDIENTES (1 TAZA MEDIANA)

2-3 ramas grandes de apio con hoja

1 taza mediana de nueces crudas remojadas en agua pura por al menos 4 horas

2 ramitas de cilantro

1 ajo pelado y machacado

Una pizca de sal del Himalaya

Jugo de ½-1 limón mediano

Una cucharada sopera de aceite de girasol sin refinar

PROCEDIMIENTO

Lavar y cortar el apio en trozos pequeños. Ponerlo en el Nutribullet o procesador de alimentos junto con el resto de los ingredientes y mezclar hasta lograr una textura fina y homogénea, tal y como muestra la foto. Conservar o servir.

Mayonesa de coliflor

Ingredientes (1 taza mediana)

1 coliflor pequeña

½ taza pequeña de leche de almendras

1-2 dientes de ajo pelados y machacados

Jugo de 1 limón mediano

4-5 cucharadas de levadura nutricional (yeast)

Una pizca de sal marina

Una pizca de hierbas Provenzales

1 cucharada de aceite de oliva virgen extra

Procedimiento

Lavar, cortar y cocinar al vapor la coliflor hasta que esté suave, pero con la masa firme. Dejar refrescar. Poner todos los ingredientes en el Nutribullet o procesador de alimentos y mezclar hasta lograr una textura fina y homogénea, tal y como muestra la foto. Conservar o servir.

Que Dios te bendiga con un nuevo estilo de vida.

Libros disponibles de la escritora, conferencista, y YouTuber Nely Helena Acosta Carrillo

En español

Un libro que pone de manifiesto la estrecha relación que existe entre los hábitos físicos, incluyendo la alimentación, la percepción espiritual correcta y la promesa de salvación dada por Jesucristo, nuestro Salvador.

No es un simple libro de recetas de comida saludable. Es mucho más que eso: una guía que le lleva de la mano y le hace más liviano el camino de transición hacia un estilo de vida correcto.

Este libro es un extracto de la versión completa de DE VUELTA AL EDÉN: UNA GUÍA DE COMIDA SANA, con 100 recetas saludables, económicas, exquisitas y fáciles de hacer. Todas las preparaciones han sido pensadas para librarle de un estilo de vida culinario esclavizante, para deleitarle y para alimentarle adecuadamente.

DVDs' disponibles de la escritora, conferencista, y YouTuber Nely Helena Acosta Carrillo

Un Curso de Cocina Vegana de tres horas de duración que fue grabado en vivo en Laguna Niguel, California y que no solo comparte recetas de comida saludable, sino que también brinda toneladas de informaciones imprescindibles para poder gozar de una vida sana.

Books available from the writer, speaker, and YouTuber Nely Helena Acosta Carrillo

In English

A book full of healthy, delicious and
nutritious options of butters and
mayonnaises that translate into an
excellent substitute for traditional recipes whose
ingredients are an attack on human health.
Do not stop eating mayonnaise
and butters. Just look for smarter options.
This book offers a wide
range of different alternatives.

Forma de contacto para adquirir libros y DVD's
(Ways of contact to purchase books and DVD's)

Teléfono (phone number): 786.356.6779
E-mail: nelyacostaquinonespublications@gmail.com

Las mantequillas, las margarinas y las mayonesas tradicionales, ya sean de preparación casera o industrial, cuentan entre sus ingredientes con elementos que, hoy en día, la ciencia médica ha demostrado que resultan un atentado contra la salud de la gente. En cuanto a esto hay una noticia mala y también una buena. La mala noticia es que, pese a que millones de personas alrededor del mundo las consumen de forma habitual, lo más sabio es abandonar su ingesta si se desea evitar la enfermedad. La buena noticia es que existen alternativas sanas, económicas, fáciles de preparar y nutricionalmente excelentes a las que se pueden recurrir para saciar el deseo de comer este tipo de preparaciones. El libro que tienes entre tus manos, en primer lugar, explica tanto los inconvenientes de los ingredientes de esas recetas en su versión tradicional, como su proceso de elaboración, y, en segundo lugar, te ofrece 50 sugerencias alternativas de mantequillas y mayonesas veganas como sustitutos ideales libres de proteínas o grasas animales, de "alimentos" refinados e industrializados o de cualquier otro tipo de "alimento" dañino para la salud de la gente. Sin lugar a duda sus sentidos quedarán aturdidos ante tanta nutrición y sabrosura.
BON APPETIT